Chen **Das Bambus-Orakel**

Chao-Hsiu Chen

Das Bambus-Orakel

Altchinesische Weisheit als Lebenshilfe

Die Originalausgabe erschien unter dem Titel
The Bamboo Oracle of Confucian Wisdom
bei Eddison Sadd Editions Ltd, London.
© Chao-Hsiu Chen 1998
© der Illustrationen Chao-Hsiu Chen 1998

Die Deutsche Bibliothek – CIP-Einheitsaufnahme
Chen, Chao-Hsiu:
Das Bambus-Orakel : altchinesische Weisheit als Lebenshilfe /
Chao-Hsiu Chen. – München, Hugendubel, 1998
    (Sphinx)
    Einheitssacht.: The bamboo oracle of Confucian Wisdom <dt.>
    ISBN 3-89631-204-9

© der deutschen Ausgabe Heinrich Hugendubel Verlag,
München 1998
Alle Rechte vorbehalten

Lektorat: Claudia Göbel, Barbara Imgrund, München
Umschlaggestaltung: Zembsch' Werkstatt, München
Produktion: Bright Arts PTE Ltd., Singapur
Satz: SatzTeam Berger, Ellenberg
Druck und Bindung: Sheck Wah Tong Printing Press Ltd., Hongkong, China

Printed in China

ISBN 3-89631-204-9

Inhalt

Einführung........6

So spricht der Bambus........8

Die Befragung des Orakels........9

DIE ORAKELSPRÜCHE........13

Nachwort........142

Über die Autorin........143

Tabelle der Hexagramme........144

Einführung

Die Verwendungs- und Verwertungsmöglichkeiten des Bambus an sich sind mannigfach. Weltweit dient er z.B. als Garten- oder Zimmerpflanze sowie als Hecke. Aus seinem Holz werden Möbel gefertigt, Eßstäbchen, Flöten, Becher, Vasen, Besenstiele, Gardinenstangen, Jalousetten, Matten und Wasserleitungssysteme; es gibt sogar Häuser, die ganz aus Bambus errichtet sind. Die Wurzeln des jungen Bambus, die Sprossen, sind als Delikatesse überall auf dem Erdball begehrt, und ohne seine Blätter gäbe es viele asiatische Feinschmeckergerichte nicht. In der materiellen Welt spielt der Bambus also eine bedeutende Rolle.

Im Westen ist jedoch die Tatsache fast unbekannt, daß der Bambus auch über eine besondere spirituelle Kraft verfügt, die sich aus seinem Wesen ergibt *(siehe "So spricht der Bambus", Seite 8)*. Wer einmal durch einen Bambuswald mit seinen dreißig bis vierzig Meter hohen Bäumen ging und von dem sich im zarten Blattwerk brechenden Licht beschienen wurde, weiß, wie sehr dieser Baum (nur im Westen handelt es sich um einen Strauch) zu verzaubern vermag. Bereits das Malen von Bambus ist ein meditativer Akt. So gibt es chinesische Meister, die ihr Leben lang nichts anderes als Bambus in all seinen Formen und Farben malen. Seit jeher gilt er daher den Asiaten als Sinnbild für eine überweltliche Ordnung, die ihre Entsprechung in der irdischen findet. Dies wußte auch Konfuzius, der berühmteste aller fernöstlichen Weisen, der eben jene Ordnung auf das irdische Leben übertrug, damit dieses Vorbild zu einer gerechteren Welt und einem erfüllten Dasein führe.

Konfuzius wurde am 21. Oktober des Jahres 551 v.Chr. im Fürstentum Lu auf der Halbinsel Schantung (»Berg des Ostens«) geboren. Im Alter von 15 Jahren beginnt er, die klassischen chinesischen Schriften zu lesen, ihre Lehre zu befolgen und überdies andere in ebendiesen Lehren zu unterrichten. Bis zu seinem Lebensende soll die Zahl seiner Schüler über 3000 betragen haben. Im Jahre 515 v.Chr. kommt es in Anwesenheit einiger Schüler zu der berühmten Begegnung mit Lao Tse, die Konfuzius begeistert verläßt.

EINFÜHRUNG

Mit 68 beginnt er mit der Abfassung jener Schriften, die ihn als weisen und gerechten Denker auszeichnen und bis heute Bestandteil der chinesischen Literatur sind. Konfuzius stirbt am 11. April 478 n.Chr., seine »Lehre« wird jedoch erst 399 Jahre nach seinem Tod zur Staatslehre erhoben.

Als Zeitgenosse Buddhas arbeitet Konfuzius an der Grundlegung der chinesischen Kultur, doch nicht als Religionsstifter, sondern als Appellant an die gesamte Menschenwelt – mit dem Aufruf, zu sich selbst zurückzufinden, um so die Harmonie des einzelnen mit sich selbst, seiner Mitwelt und der Natur im ganzen zu finden. Nicht von ungefähr heißt es daher im Lun-Yü, dem »Buch der Gespräche«:

> »Ich suche einen Heiligen und finde ihn nicht; gelänge es mir, einen edlen Menschen zu finden, es wäre schon viel gewonnen. Ich halte Ausschau nach einem guten Menschen, besitze ihn aber nicht; gelänge es mir, einen beharrlichen Menschen zu finden, das wäre schon viel wert. Den Schein pflegen, als besitze man; leer sein und die Fülle vortäuschen; in Bedrängnis sein und so tun, als lebe man in üppigem Frieden: Wahrlich, hier beharrlich zu sein ist schwer.«

Es war mein Anliegen, die chinesische Kunst, wie man den Charakter veredelt und ein glückliches Leben auf der Basis konfuzianischer Weisheit führt, dem Westen nahezubringen. Gerade in unserer Zeit der Orientierungslosigkeit und der großen Fragen nach dem Sinn des Daseins scheint es mir nötig, über die Magie des Bambus und den Gehalt der konfuzianischen Lehre allen Ratsuchenden eine Hilfestellung anzubieten. Deshalb habe ich das vorliegende Orakel entwickelt, von dem ich hoffe, daß es jedem, der es befragt, die rechten Antworten bietet ...

Die 64 Hexagramme des I Ging sind dabei als Basis gedacht, um den Lehren zu folgen. Indem man sechs Bambuskarten oder eines der Bambusstäbchen zieht, bildet man ein Hexagramm, das in der Lage ist, die gestellte Frage zu beantworten *(siehe "Die Befragung des Orakels", Seiten 9–12)*. Zu jedem Hexagramm habe ich ein Gedicht verfaßt, das dem Fragenden Antwort gibt. Daran schließt sich eine Interpretation dieser Antwort an. Hören wir aber zuerst, was der Bambus selbst uns zu sagen hat:

So spricht der Bambus

Seit alters gelte ich als Sinnbild für die edle Wesensart des Menschen. Weder durch Blüten noch durch Früchte suche ich andere zu bewegen; ich besteche und beschwatze keinen. Ich bin, wie ich bin: still, genügsam, tief verwurzelt. Auch wenn der Wind all seine Kraft zusammenballt, vermag er mich nur zu beugen, doch brechen kann er mich nicht, denn meine Gelenke sind zu stark. Sie gleichen der Unbescholtenheit und dem gerechten Fühlen der Tugend. Innen bin ich frei von jeder Last und voll von Offenherzigkeit und Leere, Demut und Bescheidenheit. Dieser Leere entspricht, wie Lao Tse sagt, die Fülle: Nur ein leeres Herz ist stets bereit zu lernen – und alles, was im Innen lebt, trägt zur Seelenfülle bei. »Ohne Essen wird man schwach – ohne Bambus verliert man die Anmut«, so schrieb der Dichter Su Tung Po, der voller Herzensgüte war. Doch um zu diesem edlen Charakter zu erwachsen, will ein langer Weg begangen sein. Auch ist es nötig zu erkennen, welche Gaben sinnvoll auszubauen sind und welche im verborgenen ruhen mögen. Denn diese Gaben sind nur der Schlüssel zu der Weisheit, die schon immer in dir liegt. Und du allein nur kannst sie erwecken. Wenn ich dir dabei als Vorbild dienen darf, wird es dir bald gelingen ...

Weshalb leben wir?
Um Wissen anzuhäufen,
um Fertigkeiten zu erwerben?
Ich kümmere mich weder
um das eine noch um das andere
und besinne mich auf meine Wurzeln.
Dies ist meine Pflicht.
Dies ist mein Weg.
Deshalb lebe ich.
Ich versuche, meine Wurzeln zu verstehen.
Denn dieses Wissen läßt mich wachsen.
Und mein Herz bleibt voll und leer zugleich.
Also kann ich glücklich sein.

Die Befragung des Orakels

Die Befragung des Orakels ist einfach, auch für die, die keinerlei Erfahrung darin haben oder keine Kenntnisse der chinesischen Philosophie besitzen. Das Set enthält 64 Karten, von denen jede mit einer chinesischen Bambusmalerei versehen ist, 12 Bambusstäbchen sowie das Buch mit den erklärenden Texten. Betrachten Sie jeden Text als eine Art geistigen Leitfaden dafür, wie Sie Ihre Situation verändern können.

Das Legesystem orientiert sich am chinesischen Orakel des I Ging, dem »Buch der Wandlungen«. Dieses Wahrsagebuch wurde vor mehr als 5000 Jahren verfaßt und basiert auf dem Wissen um die Polarität aller Dinge, die aus Yin (das weibliche Element, das als durchbrochene Linie dargestellt ist: — —) und aus Yang (das männliche Element, das sich als nicht durchbrochene Linie präsentiert: ———) besteht. Kombiniert man diese Linien zu Dreiergruppen (Tigrammen), so ergeben sich acht mögliche Variationen. Werden diese wiederum untereinander in Beziehung gesetzt, so entstehen jene 64 Sechszeiler (Hexagramme), welche die Grundlage für die Befragung des Orakels bilden. Jede Bambuskarte verfügt auf der Rückseite über eine Yin- oder eine Yang-Linie, so daß es insgesamt 32 Yin- und 32 Yang-Karten gibt. Aus diesen Linien können Sie Ihr Hexagramm bilden. Auf der Kartenrückseite finden sich auch die Zahlen 1 bis 64; diese Nummern sind dann zu berücksichtigen, wenn Sie auch die Bambusstäbchen benutzen, um das Orakel zu befragen.

Die Benutzung der Karten

Behandeln Sie die Karten bitte immer vorsichtig und mit Respekt. Zwischen Ihnen, Ihrer Frage und dem von Ihnen errichteten Hexagramm besteht eine unsichtbare Verbindung. Wollen Sie das Orakel befragen, beachten Sie bitte folgende Schritte:

1. VORBEREITUNG

Legen Sie den Kartenstapel mit der Bambusseite nach oben vor sich auf einen großen und glatten Untergrund. Es macht nichts, wenn der Stapel nicht ganz gerade ist. Schließen Sie die Augen und konzentrieren Sie sich auf Ihre Frage.

DIE BEFRAGUNG DES ORAKELS

2. MISCHEN

Öffnen Sie nun die Augen und mischen Sie die Karten (Bambusseite nach oben), indem Sie sie wahllos auf der Unterfläche verteilen. Schauen Sie sich die Karten während dieses Vorgangs gut an. Lassen Sie die Energien der Karten und der Bambusbilder mit Ihrem Unterbewußtsein in Interaktion treten.

3. AUSWÄHLEN

Wählen Sie nacheinander sechs Karten aus, von denen Sie aufgrund der Farbe und der Darstellung annehmen, daß sie besonders gut zu Ihrer jetzigen Situation passen. Legen Sie die erste Karte mit der Bambuszeichnung nach oben vor sich hin, und wiederholen Sie diesen Vorgang dann fünfmal, so daß Sie am Ende einen Stapel von sechs Karten haben.

4. HEXAGRAMM BILDEN

Drehen Sie den Stapel nun um. Sie finden auf der Rückseite der ersten von Ihnen gewählten Karte entweder eine Yin- oder eine Yang-Linie. Zeichnen Sie diese Linie auf ein Blatt Papier. Nehmen Sie die nächste Karte, und zeichnen Sie die Linie über die erste. Wiederholen Sie diesen Vorgang, bis Sie mit sechs Linien das Hexagramm vollendet haben, immer von unten nach oben.

5. BEFRAGEN

Suchen Sie nun Ihr Hexagramm in der Tabelle auf Seite 144. Haben Sie es gefunden, notieren Sie Nummer und Name und schlagen Sie im Buch die entsprechende Stelle auf. Lesen Sie, was Ihnen für diesen Moment Ihres Lebens angeboten wird. Das Gedicht drückt die weiterführende Weisheit des Hexagramms aus, der Text bietet eine Interpretation als Leitlinie für Ihr Leben.

Die Benutzung der Stäbchen

Die beigefügten Bambusstäbchen sind für eine noch tiefergehende Befragung des Orakels gedacht. Sie sind von 1 bis 12 durchnumeriert.

Halten Sie die Stäbchen vor Ihre Stirn (Ihr drittes Auge) und konzentrieren Sie sich meditativ auf Ihre Frage. Dann wählen Sie ein Stäbchen aus und legen die Karten so, wie es in der folgenden Liste beschrieben ist.

Ein Beispiel: Sie haben das Stäbchen mit der Nummer 6 gezogen. Nun folgen Sie der Misch- und Legeanleitung Nr. 6. Sie mischen die Karten mit der Bambusseite nach oben. Nehmen Sie vier Karten, von denen Sie aufgrund der Farbe und der Darstellung annehmen, daß sie besonders gut zu Ihrer Situation passen. Wie zuvor drehen Sie die Karten nacheinander um, so daß sich die Linien zu einem Hexagramm formieren. Da Ihnen aber noch zwei Linien fehlen, mischen Sie nun die Karten erneut und wählen zwei weitere aus, die Ihr Hexagramm ergänzen. Suchen Sie die Nummer des Hexagramms im Anhang und lesen Sie im Buch die Erklärung nach.

Sie wissen nun, was das Problem für Sie bedeutet. Die Frage, wie Sie es lösen können, beantwortet Ihnen die *Schlüsselkarte*. Das ist die Karte, die Sie als letzte beim ersten Misch- und Legevorgang gezogen haben, in diesem Fall also die vierte. Auf der Bambusseite befindet sich eine Nummer. Schlagen Sie im Buch unter dieser Nummer nach, und Sie erhalten Ihre Antwort.

Hier die Liste der 12 möglichen Misch- und Legevorgänge:

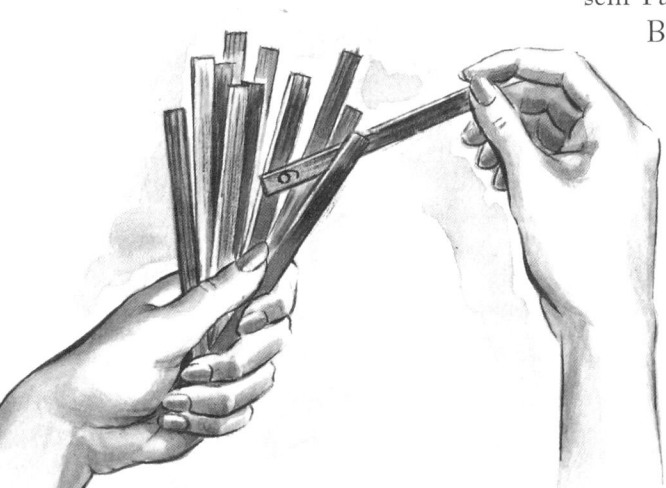

Das Auswahlsystem

BAMBUSSTÄBCHEN 1
- Mischen, eine Karte ziehen.
- Mischen, eine Karte ziehen.
- Mischen, eine Karte ziehen.
- Mischen, eine Karte ziehen.
- Mischen, eine Karte ziehen.
- Mischen, eine Karte ziehen.

Schlüsselkarte: die erste.

BAMBUSSTÄBCHEN 2
- Mischen, drei Karten ziehen.
- Mischen, drei Karten ziehen.

Schlüsselkarte: die dritte.

BAMBUSSTÄBCHEN 3
- Mischen, sechs Karten ziehen.

Schlüsselkarte: die sechste.

BAMBUSSTÄBCHEN 4
- Mischen, zwei Karten ziehen.
- Mischen, zwei Karten ziehen.
- Mischen, zwei Karten ziehen.

Schlüsselkarte: die zweite.

BAMBUSSTÄBCHEN 5
- Mischen, zwei Karten ziehen.
- Mischen, vier Karten ziehen.

Schlüsselkarte: die zweite.

BAMBUSSTÄBCHEN 6
- Mischen, vier Karten ziehen.
- Mischen, zwei Karten ziehen.

Schlüsselkarte: die vierte.

BAMBUSSTÄBCHEN 7
- Mischen, fünf Karten ziehen.
- Mischen, eine Karte ziehen.

Schlüsselkarte: die fünfte.

BAMBUSSTÄBCHEN 8
- Mischen, eine Karte ziehen.
- Mischen, fünf Karten ziehen.

Schlüsselkarte: die erste.

BAMBUSSTÄBCHEN 9
- Mischen, eine Karte ziehen.
- Mischen, zwei Karten ziehen.
- Mischen, drei Karten ziehen.

Schlüsselkarte: die erste.

BAMBUSSTÄBCHEN 10
- Mischen, drei Karten ziehen.
- Mischen, zwei Karten ziehen.
- Mischen, eine Karte ziehen.

Schlüsselkarte: die dritte.

BAMBUSSTÄBCHEN 11
- Mischen, zwei Karten ziehen.
- Mischen, eine Karte ziehen.
- Mischen, drei Karten ziehen.

Schlüsselkarte: die zweite.

BAMBUSSTÄBCHEN 12
- Mischen, zwei Karten ziehen.
- Mischen, drei Karten ziehen.
- Mischen, eine Karte ziehen.

Schlüsselkarte: die zweite.

DIE ORAKELSPRÜCHE

DIE ORAKELSPRÜCHE

☰ KIËN

1

*Selbstbeherrschung
erfordert Erfahrung.
Selbsterkenntnis
erfordert Einsicht.*

Sie sind an einem Punkt in Ihrem Leben angelangt, der einer weitsichtigen Entscheidung bedarf. Wenn Sie jetzt nicht wissen, wie Sie sich verhalten sollen, ist es gut, die Entscheidung zu vertagen. Prüfen Sie aber die Erfahrungen, die Sie bislang gemacht haben, und denken Sie an die Zeit zurück, *vor* der Sie die jeweilige Entscheidung getroffen haben. So gelangen Sie zu einer Einsicht, die Ihr Problem lösen helfen wird. Denn wichtiger als die Entscheidung ist die Erkenntnis, wer Sie selbst eigentlich sind.

DIE ORAKELSPRÜCHE

☷ K U N

2

*Demut und Bescheidenheit
sind der beste Schutz
vor der falschen Meinung
anderer.*

*Mit friedvollem Herzen
geschehen die Dinge
von selbst.*

*Wer in sich ruht,
kennt keine Feinde.*

*Weder Ruhm noch Reichtum
bewegen das Herz.*

Je emotionsloser Sie an Ihr Problem herangehen, um so ruhiger wird Ihre Seele werden. Alles bewegt sich von selbst. Niemand zwingt Sie zum Handeln. Stellen Sie sich vor, was geschehen wurde, wenn es Sie nicht gäbe. Wie würden sich die Dinge entwickeln? Sie werden feststellen, daß das Negative durchaus Positives hervorzubringen in der Lage ist.

DIE ORAKELSPRÜCHE

DSCHUN

3

Wann immer du der Beste werden möchtest,
wird es einen geben, der dich verdrängen will.
Was immer du zuerst erreichen möchtest,
wird stets von einem anderen erlangt.
Da dies ein Gesetz der Erde ist,
bleibe zurückhaltend,
und du wirst ans Ziel gelangen –
  ohne es zu merken.

Sie sind von Ihrem Weg abgekommen. Doch wenn Sie sich die Fabel vom Hasen und vom Igel vergegenwärtigen, werden Sie merken, daß nicht der Schnellere der erste sein muß, sondern daß allen Dingen eine geheime Kraft innewohnt, die uns zu unserem Ziel führt, auch wenn wir oft meinen, daß dies gar nicht unser Ziel sei. Dennoch liegt Ihr Schicksal in Ihrer Hand, denn es sind Ihre Gedanken und Handlungen, welche die Welt verändern, täglich, stündlich, zu jeder Minute, in jeder Sekunde. Trotzdem ist es nötig, sich stets in Zurückhaltung zu üben.

DIE ORAKELSPRÜCHE

MONG

4

Selbstbeherrschung erlangt man nur,
wenn man der Sorgfalt huldigt,
sowohl im Sprechen als auch im Tun.

Wenn du in deinem Herzen der Sorgfalt
genügend Raum gewährst,
dann findest du der Leere wahre Fülle.

Alles, was Sie tun, sollte mit Bedacht angegangen werden. Versuchen Sie die Dinge einmal nicht als nutzbringende Sachen anzusehen, sondern als lebendige Wesen. Da alles aus Atomen besteht und Atome *leben*, ist eben sogar ein Stuhl lebendig. Deshalb ist es nötig, Dingen und Menschen mit Respekt und Mitgefühl zu begegnen. Je mehr Sie geben, um so mehr werden Sie besitzen.

DIE ORAKELSPRÜCHE

 SÜ

5

*Jedes menschliche Unglück
ist die Folge
von Unduldsamkeit.*

Lernen Sie zu warten. Ungeduld hat noch nie zum Erfolg geführt. Letztlich kommt die Lösung immer von dort, woher man sie gar nicht erwartet hat. Und es gibt immer eine Lösung. Wenn Sie die Lösung nicht finden können, so können Sie es dennoch der Lösung ermöglichen, Sie zu finden.

DIE ORAKELSPRÜCHE

SUNG

6

Gute Ereignisse
vergehen.
Schlechte Ereignisse
vergehen.
Zuviel der Freude
schadet der Seele.
Zuviel der Trauer
schadet dem Herz.

Da alles der Veränderung unterliegt, ist es sinnvoll, sich weder zu sehr zu freuen noch allzusehr zu trauern. Alles vergeht, alles kommt erneut. Die Ruhe des Herzens ist das beste Heilmittel gegen den ständigen Wechsel der Lebensbelange. Was Sie heute erfreut, mag Sie morgen betrüben; doch was Sie heute betrübt, wird Sie morgen erfreuen …

DIE ORAKELSPRÜCHE

☷ S
C
H
Ï

7

Fülle das Herz mit Leere,
den Körper mit Tugend.
Begegne den Lebenden mit Güte
und verneige dich voller Ehrfurcht
vor den Zeiten.

Niemand kann die Wechselfälle des Lebens umgehen, keiner vermag sich vor ihnen zu verbeugen, doch kann man den falschen Verlockungen widerstehen. Richten Sie Ihren inneren Blick nach vorn, seien Sie voller Mut und vertrauen Sie der Kraft, die Sie befähigt zu leben.

DIE ORAKELSPRÜCHE

☷ B
☵ I

比

8

*Wer vom Äußeren
unbeeindruckt bleibt,
findet die Stille in sich.*

*Wer keine Furcht
mehr kennt,
für den gibt es nichts Äußeres mehr.*

Alles, was uns umgibt, ist Illusion, und zwar dergestalt, daß es von unserer Einbildungskraft abhängt, wie die Dinge sind. Wer sich vor etwas ängstigt, hat in Wirklichkeit nur Furcht vor dem Bild, das er sich von einer Sache, einem Menschen oder einer Situation macht. Zerstören Sie dieses Bild und dringen Sie zum wahren Wesen vor.

DIE ORAKELSPRÜCHE

SIAU TSCHU

9

Sei unbeeindruckt, wenn du allein bist;
sei entgegenkommend, wenn du unter
Menschen weilst;
sei klar im Geist, wenn nichts geschieht;
sei beherzt in der Entscheidung, wenn vieles
auf dich einstürmt;
sei bescheiden, wenn du erfolgreich bist;
sei gefaßt, wenn der Erfolg langsam von dir
weicht.

Erfolg, worin auch immer, ist nie von Dauer. Er vergeht ebenso schnell, wie er kommt. Es gibt jedoch einen Erfolg, der auf ewig bleibt: Es handelt sich dabei um die Kunst des Teilens. Wenn Sie den Erfolg nicht für sich allein beanspruchen, sondern andere an ihm teilhaben lassen, dann erst kann man von Ihnen sagen, daß Sie wahrhaft erfolgreich sind. Dieses Gesetz bezieht sich auf den Beruf, die Liebe und das gesamte Leben.

DIE ORAKELSPRÜCHE

L
Ü

10

*Du bist nicht verschwiegen genug
und richtest dennoch keinen Schaden an;
du triffst eine falsche Entscheidung
und hast dennoch Erfolg;
du kannst dich nicht beherrschen
und ziehst dennoch Nutzen daraus:
Da denkst du, dies sei selbstverständlich,
und kennst rechtes Verhalten nicht länger.
Von diesem Augenblick an
schadest du dir und anderen.*

Fragen Sie sich, was Ihnen Ihr Erfolg wirklich wert ist. Fragen Sie sich, ob Sie der Schmeichelei, die man Ihnen entgegenbringt, tatsächlich glauben wollen. Gehen Sie in sich und bedenken Sie alle Vor- und Nachteile Ihrer Handlungen. Wenn Sie feststellen, daß Sie dabei sind, jemandem zu schaden, nehmen Sie Abstand davon, auch wenn Sie dadurch scheinbar zum Verlierer werden. Erst im Verlieren zeigt sich der wahre Gewinn.

DIE ORAKELSPRÜCHE

☷ T A I

11

*Wenn du lernst, einen Schritt zurückzugehen,
machst du einen Schritt vorwärts:
Denn selbst, wenn du großen Reichtum dein eigen
 nennst,
hilft er dir nicht, dich glücklicher zu fühlen,
solange du nicht fähig bist,
ihn für Gutes einzusetzen.*

Nichts ist reiner Selbstzweck. Alles hat irgendeinen Sinn. Die Schwierigkeit besteht nur darin, ihn zu erkennen. Und Sie erkennen ihn meist nur im nachhinein. Deshalb ist es nötig, jede Handlung auf das Gute einzustellen, damit andere genauso glücklich werden können, wie Sie es sich für sich selbst erhoffen.

DIE ORAKELSPRÜCHE

☰ P
☷ I

12

Wer sich selbst nicht schätzt,
verdient es, nicht geschätzt zu werden.
Wer seine Handlungen nicht mit Sorgfalt ausführt,
wird Schaden verursachen.
Wer anderes nicht schätzt,
verdient es nicht, geschätzt zu werden.

Auch wenn Sie alles voller Sorgfalt ausführen, reicht das nicht. Wenn zur Sorgfalt Liebe kommt, genügt das noch immer nicht. Erst wenn zu Sorgfalt und Liebe die Ehrfurcht tritt, werden Sie befähigt sein, alles im rechten Maß schätzen zu können.

DIE ORAKELSPRÜCHE

TUNG JEN

13

Je mehr man auf sein Wollen verzichtet,
um so reiner wird das Herz.

Je zuvorkommender die Haltung ist,
um so respektvoller ist der Charakter.

Was man nicht besitzt, kann man nicht verlieren. Was man nicht erstrebt, muß man nicht erreichen. Je weniger Anforderungen man an sich selbst und andere stellt, um so klarer wird der Geist, um so reiner das Herz. Das Wollen führt immer zu Zwang. Gewähren Sie den Dingen ihr Eigenleben.

DIE ORAKELSPRÜCHE

DA YU

14

Hast du genügend getan, beende dein Werk.
Hast du genügend gesprochen, halte mit
    deiner Rede inne.
Alle Fehler sind Verstöße gegen die Zeit.
Ein edler Charakter bedarf keiner Zeiger.

Was immer geschieht, es ereignet sich in den Grenzen der Zeit. Glück besteht darin, zur rechten Zeit mit den rechten Menschen am rechten Ort zusammenzutreffen. Diese Ereignisse finden aber nicht durch Zufall statt, sondern folgen einer inneren Notwendigkeit. Sie selbst sind es, der ein Ereignis dieser Güte schafft – im Zusammenspiel mit den anderen. Je klarer und vortrefflicher Ihre Haltung ist, um so weniger Angst werden Sie haben.

DIE ORAKELSPRÜCHE

☷ K I Ë N

15

*Größter Friede
in der Genügsamkeit.*

*Größte Genügsamkeit
im Schweigen.*

Gestern wünschten Sie sich etwas, heute haben Sie schon wieder andere Pläne – und was wird morgen sein? Ständig sind Sie hin- und hergerissen und jammern über andere. Werden Sie kein Sklave Ihrer Wünsche. Ist es nicht besser, wenn die Wünsche zu Ihren Untertanen werden? Erst wenn Sie unabhängig sind vom Wollen und vom Reden, finden Sie zu sich.

DIE ORAKELSPRÜCHE

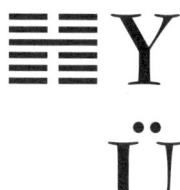 YÜ

16

Zügle deine Gedanken.
Mäßige deines Körpers Verlangen.
Halte deine Zunge im Zaum.
Wähle rechte Freunde, um zu wachsen.
Ergründe dein Verhalten, um zu reifen.
Wenn du meinst, edel zu sein,
sei dir selbst der beste Kritiker.

Wie oft betrachten Sie sich im Spiegel? Und was nehmen Sie dabei wahr? Ihr Äußeres? Welcher Spiegel zeigt Ihnen Ihr Innerstes? Die richtigen Freunde. Wer aber sind die richtigen Freunde? Jene, die Sie kritisieren. Was aber, wenn Sie solche Freunde nicht finden? Dann seien Sie sich selbst der beste Freund.

DIE ORAKELSPRÜCHE

SUI

17

Vergib den anderen die Fehler – voller Liebe.
Wäge deine Taten ab – mit Bedacht.
Vergibt dir selbst die Fehler – mit Bedacht.
Wäge die Taten der anderen ab – voller Liebe.

Bevor Sie andere kritisieren, kritisieren Sie sich selbst. Bevor Sie sich selbst verzeihen, verzeihen Sie den anderen. Wichtig ist, daß beides voller Ehrfurcht und Liebe geschieht. Verhält es sich nicht so, unterscheiden sich Ihre Handlungen in nichts von den Taten zweier Feinde. Und das Leben ist zu kurz, um Feinde zu haben.

DIE ORAKELSPRÜCHE

☷ GU

18

*Sei duldsam
in jeder Lebenslage.
Sei standhaft
in jeder Bewandtnis.*

Alles, was geschieht, ereignet sich aus einer Eigendynamik heraus. Es ist besser, sich dem Energiefeld dieser Dynamik anzupassen, als gegen es anzugehen. Denn nur im Einklang mit jedem Ereignis gelingt es Ihnen, jene Größe und Stärke zu entwickeln, die für eine positive Entfaltung der inneren Kräfte nötig ist.

DIE ORAKELSPRÜCHE

䷒ LIN

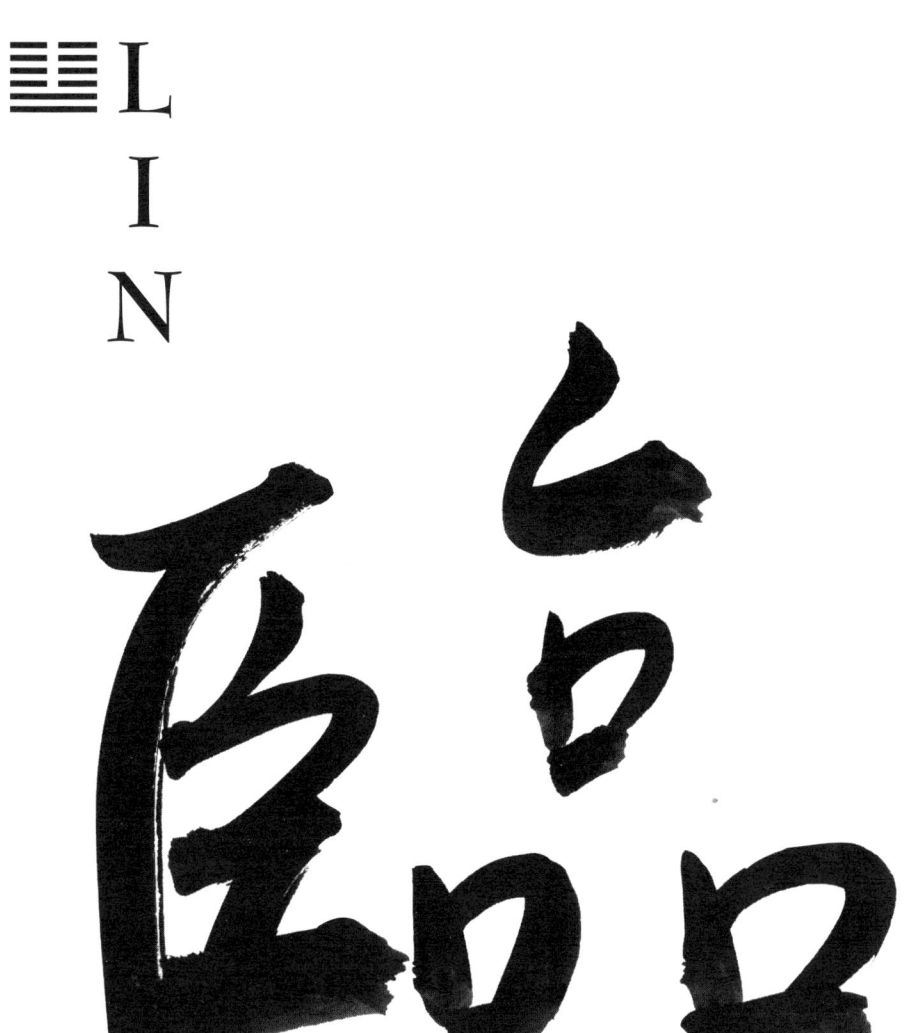

19

Schreitest du vorwärts,
verengt sich dein Radius.
Blickst du zurück,
weitet er sich.

Sie sind das Ergebnis all Ihrer bisherigen Taten, Überlegungen, Gedanken, Freuden und Leiden. Suchen Sie Glück in der Zukunft, werden Sie enttäuscht sein. Nur in diesem Moment, im Jetzt, und an diesem Ort, im Hier, können Sie Ihrer selbst ganz gegenwärtig sein. Konzentrieren Sie sich bei Ihren Vorhaben auf den Augenblick, lassen Sie aber Zukunft und Vergangenheit nicht außer acht.

DIE ORAKELSPRÜCHE

GUAN

20

Wenn dich andere umringen
und du deinen Weg
dennoch finden kannst,
dann verfügst du über
gutes Augenmaß.

Wenn dich das Schicksal peinigt
und du dein Leben
dennoch standhaft führen kannst,
dann verfügst du über
wahre Wurzeln.

Die Meinungen anderer sind nur Meinungen über Meinungen. Lassen Sie sich nicht allzusehr beeinflussen. Finden Sie Ihren eigenen Weg. Es muß nicht die Straße sein, die sich nun vor Ihnen auftut, Sie dürfen ruhig einen Umweg in Kauf nehmen. Wenn Sie trotz aller Umwege den Glauben an sich selbst nicht verlieren, dann kennen Sie die Richtung Ihres Weges, selbst wenn Sie jetzt an einer Kreuzung stehen.

DIE ORAKELSPRÜCHE

☲☳ SCHÏ HO

21

*Ändern sich die Gegebenheiten
von einem Augenblick zum anderen,
ist es besser, Ruhe zu bewahren,
als vorschnell aufzugeben.
Auch wenn du keine Möglichkeit findest,
die Schwierigkeiten zu umgehen,
weißt du, daß du auf dem rechten Weg bist,
und dein Herz bleibt ohne Schuld.*

Kein Ereignis verfügt nur über negative Seiten. Für schlecht hält man dieses Ereignis meist nur, wenn es die persönlichen Interessen stört. Doch weil alles zwei Seiten hat, kann das, was heute schlecht erscheint, morgen schon positiv sein. Deshalb ist es nötig, einen klaren Kopf zu bewahren und selbst dann, wenn man keinen Ausweg aus der Situation findet, anderen nicht zu schaden. Dadurch hilft man den anderen und sich selbst, und plötzlich tut sich ein neuer, ungeahnter Weg auf …

DIE ORAKELSPRÜCHE

䷕ BI

22

Ernsthaft sei dein Bestreben,
freudig sei dein Augenmerk,
prachtvoll sei dein Edelmut,
sorgsam dein Begehren.

Alle Wünsche werden entweder aus Not oder aus Übermut geboren. Deshalb gehen sie meist nicht in Erfüllung und werden von neuen Wünschen ersetzt, die ihrerseits nur selten verwirklicht werden können. Wenn Sie Ihre Wünsche so behandeln, wie Sie selbst von anderen Menschen behandelt werden wollen, dann können Sie sicher sein, daß sie in Erfüllung gehen werden.

DIE ORAKELSPRÜCHE

䷖ BO

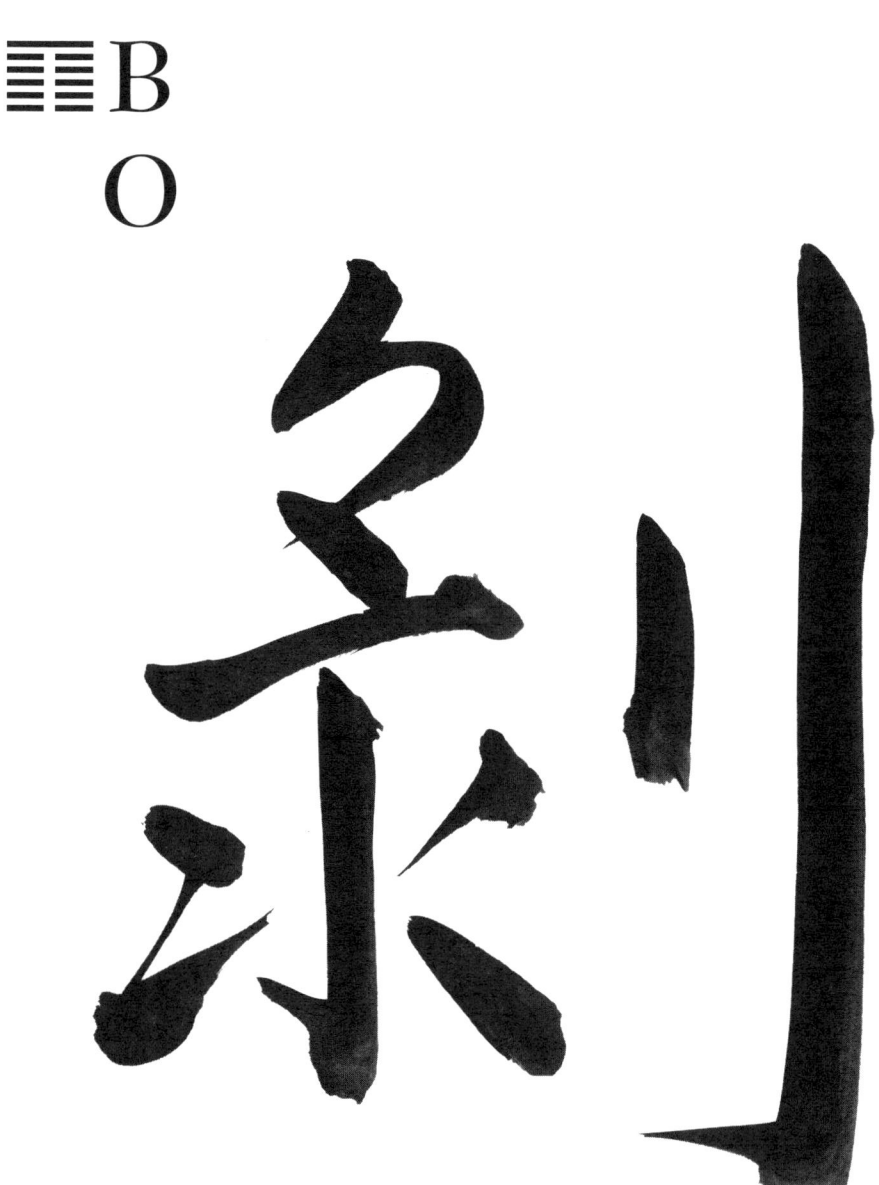

23

*Es gibt Menschen,
denen du nie begegnen wirst.
Aber es gibt Fragen,
denen du dich nicht entziehen kannst.
Es gibt Menschen,
denen du nie begegnen wirst.
Aber es gibt Antworten,
denen du dich nicht entziehen kannst.*

Nur die Ehrfurcht gegenüber sich selbst und anderen wird jede Art von Fragen ertragen können, und nur in dieser Haltung wird man die Antworten, die einem entgegentreten, billigen. Wenn Sie die richtigen Menschen treffen, erhalten Sie die richtigen Antworten, treffen Sie die falschen, werden Ihnen auch falsche Fragen gestellt.

DIE ORAKELSPRÜCHE

FU

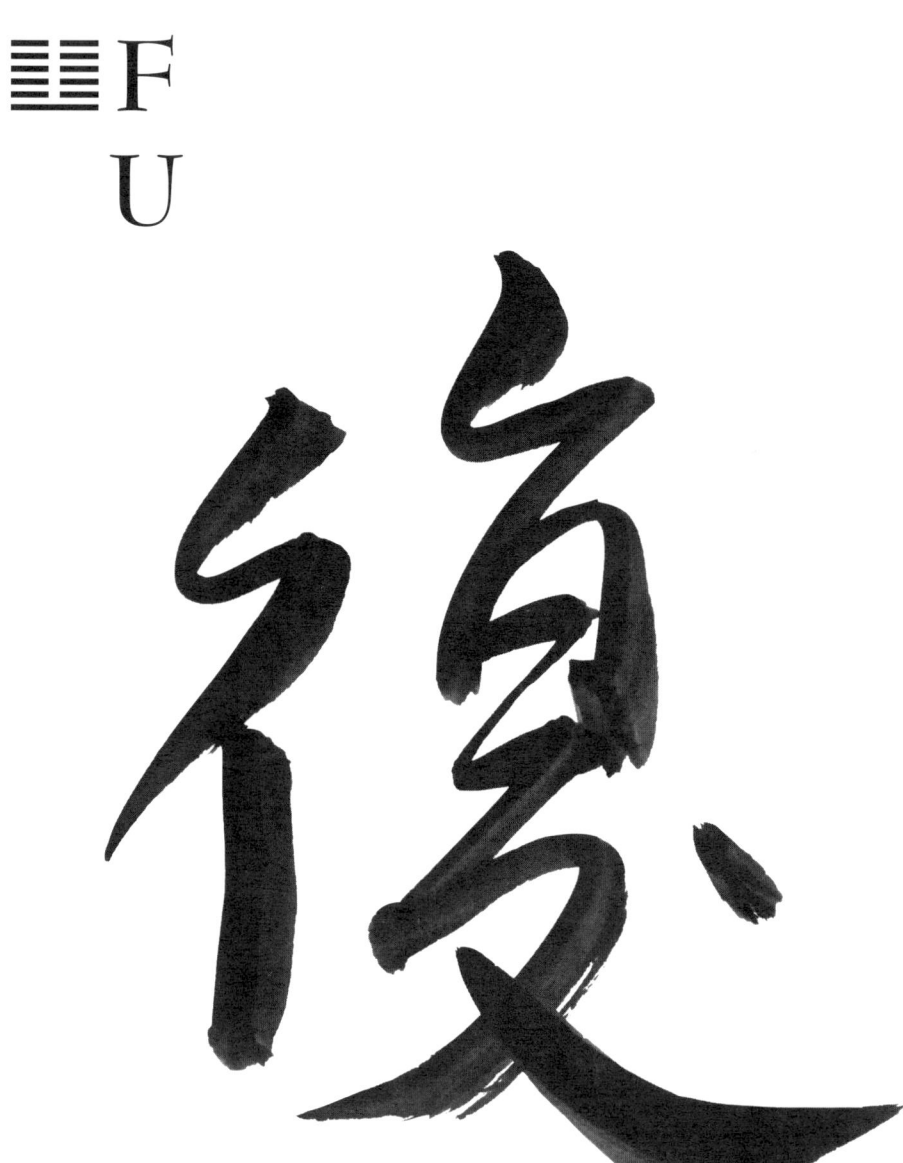

24

*Denke weitläufig,
doch vergiß dabei nicht
die Genauigkeit.
Handle gewissenhaft,
doch vergiß die Nachsichtigkeit
dabei nicht.*

Sie sind jetzt in einer Gemütslage, die umsichtiges Handeln erfordert. Sie sollten sich im Verzeihen üben, um dadurch Ihre Ziele zu erreichen. Nicht alles muß nach Ihren Wünschen und Plänen verlaufen. Andere haben das gleiche Recht. Bleiben Sie stets kompromißbereit und denken Sie nicht allzu sehr nach vorn. Denken Sie lieber in die Breite.

DIE ORAKELSPRÜCHE

WU WANG

25

Übe dich im Unparteiischsein,
vor der Verleumdung schließe die Ohren.
Übe dich im steten Maßvollsein,
vor der Erniedrigung beuge dein Haupt.

Sie haben keine Feinde. Ihr einziger Feind sind Sie selbst. Wenn Sie versuchen, die Beweggründe zu verstehen, die zu der Verstimmung führten, werden Sie merken, daß Ihre »Gegner« ebenso schwach sind wie Sie selbst. Jede Art von Gegnerschaft führt nur zu Verkrampfung und Leid. Lernen Sie zu kämpfen, ohne zu siegen.

DIE ORAKELSPRÜCHE

DA TSCHU

26

Nicht alles muß getan werden.
Nicht alles muß gesagt werden.
Die Blume ist am schönsten,
wenn sie in Blüte steht.

Welche Frage auch immer Sie haben, bedenken Sie, daß jedes Überlegen eine neue Frage hervorruft. Hören Sie deshalb auf, Fragen zu stellen, und seien Sie überzeugt, daß alles gut ist, wenn Sie sich selbst vertrauen.

DIE ORAKELSPRÜCHE

 I

頤

27

*Nur wer den Ruhm
nicht verdient,
kämpft um ihn.*

*Wer ihn verdient,
den trifft er im Schlaf.*

Es hat keinen Sinn, gewaltsam sein Ziel erreichen zu wollen. Wenn das Ziel es möchte, dann wird es zu Ihnen kommen. Bleiben Sie deshalb bescheiden und bedenken Sie, daß der wahre Erfolg darin besteht, andere glücklich zu machen.

DIE ORAKELSPRÜCHE

DA GO

28

*Je verwirrender ein Geschehen ist,
um so unbesorgteren Umgang erfordert es;
je unverständlicher ein Mensch ist,
um so weitherzigeren Umgang erfordert er;
je schnellebiger ein Begebnis ist,
um so langsameren Umgang erfordert es.
Dies ist das Geheimnis des Starkseins
    ohne Stärke.*

In einer immer lauter und schneller werdenden Welt ist es sinnvoll, den ruhenden Pol in sich selbst zu finden. Nur aus ihm heraus läßt sich jene Kraft entwickeln, die nötig ist, um den Erfordernissen des Lebens zu begegnen. Beharren Sie nicht auf Ihrer Position, vergessen Sie Ihr Durchsetzungsvermögen und seien Sie ohne Sorge, und Sie werden allen schlechten Ereignissen positiv begegnen können und sie in gute umzuwandeln vermögen.

DIE ORAKELSPRÜCHE

KAN

29

*Das Wollen des einzelnen hat selten Erfolg,
wenn es sich gegen die Menge stellt.
Den Willen der Menge anzugreifen
hat noch weniger Aussicht auf Erfolg.
Und dennoch vermag der Wille der Menge
das Wollen des einzelnen nicht zu brechen.*

Wenn Sie in bestimmten Situationen schwach sind, bedeutet das nicht, daß Sie Ihre Prinzipien aufgegeben haben. Auch wenn es scheint, daß Ihre Prinzipien denen der anderen entgegenstehen, werden Sie dennoch Ihr Ziel erreichen – aber nur, wenn Sie es ohne Egoismus angehen. Alle Ihre Unternehmungen haben Aussicht auf Erfolg, sobald Sie verstehen, wer Sie selbst sein können.

DIE ORAKELSPRÜCHE

䷝ LI

30

Vorzugeben, etwas zu wissen,
von dem man nichts weiß,
zeugt nicht von Klugheit.

Vorzugeben, daß sich etwas ereignet,
obwohl sich nichts ereignet,
zeugt nicht von Erfüllung.

Vorzugeben, etwas verwirklichen zu können,
das man nicht verwirklichen kann,
zeugt nicht von Geisteskraft.

Wähle deshalb, was du nicht tun willst.

Es ist keine Schwäche, unwissend zu sein oder bei manchen Gelegenheiten nicht handeln zu können. Zeigen Sie Ihre Schwäche. Niemand wird Sie dafür verurteilen. Offenbaren Sie sich als Mensch, der für jede Anregung dankbar ist. Letzten Endes können wir alle nur voneinander lernen, und jeder beherrscht etwas, das ein anderer nicht kann.

DIE ORAKELSPRÜCHE

HIËN

31

Wenn es nichts zu tun gibt,
ist es gut, die Zerstreuung zu meiden.
Wenn es viel zu tun gibt,
ist es gut, sich in sich zu versenken.

Das Leben stellt viele Anforderungen an Sie. Wollen Sie sich ihnen ausliefern und ihr Sklave werden? Oder möchten Sie lieber, daß Sie das Maß der Anforderungen selbst bestimmen? Wenn es sich so verhält, gehen Sie in sich, finden Sie sich selbst und versuchen Sie die Probleme von innen heraus zu lösen. Alle Probleme haben letztlich mit dem Äußeren nichts zu tun.

DIE ORAKELSPRÜCHE

䷟ HONG

32

*Wenn man mit einem Geschehen
nicht umzugehen weiß,
dann bedeutet dies,
daß das Herz nicht genügend gebildet ist.*

*Das Herz bildet man nur,
wenn man es der Leere überläßt.*

*Das Herz vermag man zu bilden,
das Geschehen aber nicht.*

*Ist das Herz gebildet,
kann man mit jedem Geschehen
in rechter Weise
Umgang pflegen.*

Sie können jede Situation bestehen und jedes Problem lösen, wenn Sie sich im klaren sind, daß Sie es sind, der da gefordert ist. Bedenken Sie dabei stets, daß nur das Herz in der Lage ist, aus allem entweder etwas Gutes oder etwas Schlechtes zu machen. Es kommt also nur darauf an, wie sehr Sie Ihrem eigenen Herzen vertrauen.

DIE ORAKELSPRÜCHE

DUN

33

*Probleme zu lösen
bedarf der Ruhe.
Bist du in Eile,
hast du genügend
mit dir selbst zu tun.
Wie willst du da noch
die Probleme lösen?*

Was nützt es, wenn Sie jetzt ärgerlich, hektisch oder verzweifelt sind? Gehen Sie in sich und bedenken Sie, was Ihnen der Ärger, die Hektik oder die Verzweiflung eigentlich bringen soll. Ist es nicht besser, sich von den Problemen zu lösen, ohne dabei die Verantwortlichkeit aufzugeben?

DIE ORAKELSPRÜCHE

DA DSCHUANG

34

Versprich nichts,
wenn du voller Freude bist.
Versprich nichts,
wenn du voller Trauer bist.

Legen Sie sich nur fest, wenn Sie ganz in Ihrer Mitte sind. Überlegen Sie stets ohne Emotion, so werden Sie überlegen, und Ihre Entscheidung wird stets gerecht sein.

DIE ORAKELSPRÜCHE

D
S
I
N

35

*Wenn man versucht,
dich einzuschüchtern,
ist es weiser,
dies zu ertragen,
anstatt dich zu verteidigen.*

*Wenn man versucht,
dich zu tadeln,
ist es weiser,
dies zu ertragen,
anstatt dich zu verschanzen.*

Nehmen Sie alles, was Ihnen an Schlechtem widerfährt, als Lernprozeß. Nichts und niemand ist wirklich gegen Sie, das zeigt schon die Tatsache, daß Sie existieren. Wären Sie nicht gewollt, wären Sie nicht hier. Jede Kritik, jede Maßregelung kann Sie nur stärker machen.

DIE ORAKELSPRÜCHE

☷☲ MING I

36

Um Schwierigkeiten zu überwinden,
sollst du den Ärger überwinden
und an seine Stelle
die innere Stärke setzen.

Um schwierige Menschen zu besänftigen,
sollst du den Ärger überwinden
und an seine Stelle
das Verstehen setzen.

Innere Kraft und Verständnis sind die Voraussetzung für ein gelungenes Leben. Das Vermeiden von Ärger sorgt dafür, daß andere Sie bewundern werden, vielleicht sogar Ihrem Beispiel folgen.

DIE ORAKELSPRÜCHE

䷤ GIA JEN

37

*Wenn du einen Menschen triffst,
der dich verstehen könnte,
und du sprichst nicht mit ihm,
dann hast du eine Chance vertan.*

*Wenn du einen Menschen triffst,
der dich nicht verstehen kann,
und du sprichst dennoch zu ihm,
dann sind deine Worte vertan.*

Alle Schwierigkeiten sind letztlich auf ein Kommunikationsproblem zurückzuführen. Lernen Sie zuallererst, zuzuhören und den anderen zu verstehen. Danach bitten Sie den anderen, sich ebenso zu verhalten. Nur Menschen, die einander zuhören können, können sich auch verstehen.

DIE ORAKELSPRÜCHE

KUI

38

*Trägst du Verantwortung
und gehst leichtfertig mit ihr um,
erntest du nur Beschwerden,
auch wenn du dich später ihres Ernstes besinnst.*

*Trägst du Verantwortung
und gehst ernsthaft mit ihr um,
erntest du Dankbarkeit,
auch wenn du später die Zügel lockerst.*

Üben Sie sich in verständnisvoller Strenge, dann erst im Loslassen. Der umgekehrte Weg führt nicht zum Ziel. Man wird Ihnen für diese Haltung dankbar sein, und alle erreichen das, was sie wollen.

DIE ORAKELSPRÜCHE

☷☶ GIËN

39

Wer seine Stärke einzusetzen weiß,
zeigt sie nicht öffentlich.
Wem es leichtfällt, eine Gunst zu gewähren,
macht davon selten Gebrauch.
Wer um seine Wirkung weiß,
vermeidet die Beachtung.
Wem es leichtfällt, Versprechen zu halten,
der gibt sie voller Sorgfalt.

Seien Sie zurückhaltend, wann immer es die Situation erfordert. Warten Sie ab und vermeiden Sie die Prahlerei. Es ist zwar einfacher, laut zu sein und die Aufmerksamkeit auf sich zu lenken, aber die Wirkung ist nur von kurzer Dauer. Wollen Sie, daß man Sie langfristig respektiert, so ist Zurückhaltung unvermeidbar.

DIE ORAKELSPRÜCHE

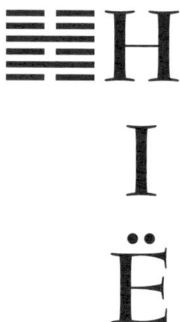H
I
Ë

40

*Möchtest du jemanden
auf seine Fehler aufmerksam machen,
ist es ungeschickt,
die Rede sofort darauf zu bringen.
Besser ist es, zunächst seine Vorzüge zu loben.*

Dies ist nicht als Trick zu verstehen, sondern als Respekt vor dem Gegenüber, das die Fehler ja nicht willentlich macht. Zudem helfen Sie diesem Menschen, seine Fehler einzusehen, ohne sein Gesicht zu verlieren.

DIE ORAKELSPRÜCHE

☷ S
☱ U
　 N

41

*Um auf einen Menschen
guten Einfluß auszuüben, ist es ratsam,
ihm ernsthaft zu begegnen,
freundlich und mit sanfter Stimme;
auch wollen die Worte wohl bedacht sein.
Finde dich mit seinen Unzulänglichkeiten ab,
vergib ihm seine Mängel.
Erkenne seine Wissenslücken an.
Stelle dich nicht gegen seine Wünsche.*

*Um auf einen Menschen
guten Einfluß auszuüben, ist es ratsam,
den rechten Ort dafür zu finden
und die rechte Zeit,
die rechte Haltung und die rechte Stimmung;
auch wollen die Gesten wohlbedacht sein.
Nach all dem wird auch er in der Lage sein,
guten Einfluß auszuüben – auf dich.*

Es ist nicht nur alles aufeinander bezogen, sondern auch voneinander abhängig. Das einzige, das wir tun können, ist, einander die Entscheidungen zu erleichtern.

DIE ORAKELSPRÜCHE

 I

42

*Merkst du, daß man dich betrügen will,
mach es nicht öffentlich.
Merkst du, daß man dich beleidigen will,
mach es nicht öffentlich.
Merkst du, daß man dich belohnen will,
mach es nicht öffentlich.
Merkst du, daß man dich bejubeln will,
mach es nicht öffentlich.*

Der wahre Lebensmeister wirkt in der Stille, egal, was geschieht. So hilft er anderen, ebenfalls zu Meistern des Lebens zu werden.

DIE ORAKELSPRÜCHE

GUAI

43

*Das Wichtigste
beim Gedeihen des Menschen
ist die Reinheit des Herzens.*

*Das Wichtigste
beim Gedeihen der Familie
ist der Zusammenhalt der Herzen.*

*Das Wichtigste
beim Gedeihen der Gesellschaft
ist die Friedfertigkeit der Herzen.*

Haß und Mißgunst werden nie dazu führen, daß Beständigkeit entsteht. Eifersucht und Neid werden bewirken, daß man von Ihnen Abstand nimmt. Versuchen Sie, sich selbst zu vergessen und mehr auf andere einzugehen.

DIE ORAKELSPRÜCHE

GOU

44

Denke stets an das Wohl der anderen,
was immer sich auch ereignet.
Denke stets an das Wohl der anderen,
auch wenn dein eigenes darunter leidet.

Stellen Sie Ihre persönlichen Interessen immer hinter die Bedürfnisse derer, die Ihnen nahe sind. Darin finden Sie die wahre Erfüllung der eigenen Wünsche.

DIE ORAKELSPRÜCHE

TSUI

45

*Ein Gefallen
muß nicht groß sein.
Wichtig ist,
daß er zum rechten Zeitpunkt kommt.*

*Eine Freundschaft
muß nicht tief sein.
Wichtig ist,
daß sie nicht auf falscher Gunst beruht.*

Je ehrlicher Sie mit sich selbst und anderen umgehen, um so eher werden die anderen Ihnen den Respekt zollen, den Sie verdienen. Freundschaften entstehen nicht durch Geschenke, sondern aus ehrlicher Überzeugung.

DIE ORAKELSPRÜCHE

SCHONG

104

46

*Wie gelingt es,
der Beeinflussung zu entgehen?
Indem man seine eigenen Fähigkeiten kennenlernt.*

*Wie gelingt es,
seine eigenen Fähigkeiten kennenzulernen?
Indem man der Beeinflussung nicht widersteht.*

*Erst dann weißt du, wer du bist.
Erst dann weißt du, wer die anderen sind.*

Sich selbst und andere kennenzulernen und zu verstehen ist eine der schwierigsten Aufgaben im Leben. Aber je mehr Sie sich auf das Abenteuer Leben wirklich einlassen, um so eher werden Sie diese Aufgabe erfüllen können. Das Wichtigste dabei ist ständige Offenheit anderen Gegebenheiten gegenüber.

DIE ORAKELSPRÜCHE

KUN

47

*Geringes Wissen
führt zu Verdrossenheit.
Geringe Stärke
bringt Gereiztheit hervor.
Geringes Vertrauen
führt zu Geschwätzigkeit.
Geringe Schönheit
bringt Prahlerei hervor.*

Nur wenn Sie an sich selbst glauben und Ihren Fähigkeiten vertrauen, werden Sie so leben, daß Sie anderen eine Freude sind. Und was gibt es Schöneres, als andere auf diese Weise zu beglücken?

DIE ORAKELSPRÜCHE

DSING

48

*Ein freundliches Herz
schafft freudige Menschen.
Ein freudiges Herz
schafft glückliche Menschen.*

Wollen Sie, daß Ihre Mitmenschen unter Ihnen leiden? Oder möchten Sie sie glücklich machen? Wenn dies der Fall ist, dann achten Sie darauf, Ihre eigenen Probleme zurückzunehmen und sich um die Sorgen der anderen zu kümmern. Je mehr Sie auf Ihre Mitmenschen eingehen, um so besser wird die Welt.

DIE ORAKELSPRÜCHE

☲☱ GO

49

*Willst du jemandem etwas empfehlen,
ist das »Wie« wichtiger als das »Was«:
Zeige ihm nichts, das seinen Neid erwecken
    könnte;
zeige ihm nichts, das sich nachteilig
    auswirken könnte auf ihn;
zeige ihm nichts, das ihn zur Kritik verleiten
    könnte;
zeige ihm nichts mit strengen Worten;
zeige ihm nichts mit zu vielen Worten;
zeige ihm nichts mit unnötigen Worten.
Auch wenn deine Empfehlung für dich
    Geltung besitzt,
heißt dies nicht, daß andere ihr folgen mögen.*

Jede Meinung ist subjektiv, auch wenn sie richtig ist. Das gilt für Ihre Ansichten ebenso wie für die der anderen. Deshalb kommt es, will man eine alle Seiten befriedigende Lösung finden, weniger auf die Inhalte an, sondern vielmehr auf die Form. Und je angenehmer diese ist, um so eher wird der Empfehlung Folge geleistet werden.

DIE ORAKELSPRÜCHE

DING

50

Ist etwas ungeklärt,
nützen eilige Deutungen nichts.
Sie stiften nur noch größere Verwirrung.

Die Eile schießt über das Ziel hinaus.
Die Wahrheit nähert sich ihm langsam.

Nur der richtige Zeitpunkt wird Ihnen helfen, Ihre Situation zu klären. Wie aber wissen Sie, wann dieser Zeitpunkt gekommen ist? Vertrauen Sie Ihrem inneren Wissen, und Sie werden erfolgreich sein.

DIE ORAKELSPRÜCHE

☳ DSCHEN

51

*Selbsterkenntnis
ist der beste Weg
zur Kenntnis anderer.*

*Die Kenntnis anderer
ist der beste Weg
zur Weisheit.*

Wenn Sie ein Problem haben, haben Sie in Wirklichkeit ein Problem mit sich selbst. Dies können Sie auch vermeiden, wenn Sie gelernt haben, sich selbst und anderen zuzuhören, um sich selbst und andere zu verstehen.

DIE ORAKELSPRÜCHE

GEN

52

*Siegt das Äußere über dich,
dann deshalb,
weil dein Inneres
der Leere entbehrt.*

*Nur wenn du
außerhalb deiner selbst bist,
bist du ganz bei dir
und findest die innere Leere.*

Jede Art von scheinbar sinnloser Arbeit führt zur Selbstentäußerung. Doch gerade in ihr findet der Mensch zu sich, zu seinem innersten Wesen, gerade weil er sich nicht mehr mit sich selbst beschäftigt. Dieser Moment ist einer der glücklichsten im Leben, kann aber gedanklich nur im nachhinein erlebt werden. Weigern Sie sich nicht, sinnlose Aufgaben zu bewältigen. Alles hat seinen Sinn.

DIE ORAKELSPRÜCHE

53. DSIËN

53

Bist du in Begleitung,
ist es nötig,
daß du auf deine Worte achtest.

Bist du allein,
ist es nötig,
daß du auf deine Gedanken achtest.

Ihre Worte stammen aus Ihren Gedanken. Egal, ob Sie allein sind oder zu zweien oder zu mehreren, es ist nötig, die Gedanken zu kontrollieren, damit Ihre Worte keinen Schaden verursachen. Jeder Schaden auf dieser Welt stammt von Worten und somit Gedanken. Aber auch alles Gute auf dieser Welt kommt von Worten und somit von Gedanken.

DIE ORAKELSPRÜCHE

GUI ME

54

Wer weiß,
was ihn zufrieden macht,
ist noch lange nicht zufrieden.

Wer nicht nach etwas sucht,
was ihn zufrieden macht,
wird zufrieden sein.

Es ist alles schon für Sie da. Zögern Sie nicht.
Greifen Sie zu – doch in Maßen.

DIE ORAKELSPRÜCHE

FONG

55

Beneide einen anderen nicht
wegen seiner Vorzüge.
Verbirg vor einem anderen nicht
deine Nachteile.
So könnt ihr beide
zusammen wachsen.

Das Offenbaren der eigenen Fehler zeugt von Stärke, das Anerkennen von Schwäche ebenso. Wenn zwei Menschen voreinander ihr Innerstes enthüllen, dann wird aus ihrer Begegnung Positives entstehen. Achten Sie also darauf, nur Menschen zu treffen, zu denen Sie voller Vertrauen ehrlich sein können. Sie erkennen solche Menschen daran, daß sie nicht mit ihren Vorzügen prahlen.

DIE ORAKELSPRÜCHE

☲☶ LÜ

56

*Je schöner eine Blüte ist,
um so seltener wird sie entdeckt.
Je schöner ein Wort ist,
um so seltener ist es zu hören.*

Alles Gute wirkt im verborgenen. Deshalb ist es auch so schwer zu entdecken. Schärfen Sie Ihre Sinne, damit auch Sie des Schönen teilhaftig werden. Achten Sie nicht auf die Meinung der Massen. Das, was für Sie richtig und notwendig ist, entdecken Sie, wenn Sie die Meinung des einzelnen respektieren.

DIE ORAKELSPRÜCHE

☴ SUN

57

Es gibt Fähigkeiten,
die man erlernen kann.
Es gibt Fähigkeiten,
die man schon in sich trägt.
Die einen sind nicht besser als die anderen.
Entscheidend ist,
wofür man sie einsetzt.

Was Ihnen in die Wiege gelegt wurde und was Sie sich mühsam angeeignet haben, hat nur dann einen Sinn, wenn Sie damit erreichen können, daß es anderen zum Vorteil gereicht. Denn was nützen Ihnen Ihre Eigenschaften und Fähigkeiten, wenn Sie anderen damit nicht helfen können?

DIE ORAKELSPRÜCHE

DUI

58

*Prahle nicht
mit deinen
Fähigkeiten.
Laß andere
über sie
entscheiden.*

*Weißt du nichts
von deinen
Fähigkeiten,
so laß dir
von anderen helfen,
sie zu entdecken.*

Auch wenn Sie momentan keinen Erfolg haben – hören Sie jetzt nicht auf, an sich zu glauben. Es werden Menschen kommen, die Ihnen auf Ihrem Weg weiterhelfen. Aber verunsichern Sie diese Menschen nicht, indem Sie Ihre Stärken allzusehr hervorheben.

DIE ORAKELSPRÜCHE

HUAN

59

Der Geist des Menschen ist mannigfach:
Er verändert sich je nach Gefühl,
Vorstellung und Begebenheit.
Er wechselt seine Sichtweise,
wann immer es ihm beliebt,
und zeigt ein anderes Gesicht,
wann immer es die Umstände erfordern.
Doch der Geist ist nicht von dir getrennt.
Er ist eins mit dir.

Es ist etwas eingetreten, von dem Sie sich das Gegenteil erhofften. Verlieren Sie nicht die Kontrolle über sich, weil Sie darauf nicht vorbereitet waren. In Wirklichkeit waren Sie es nämlich selbst, der diese Situation heraufbeschworen hat. Jetzt ist Flexibilität am wichtigsten. Nur Sie allein können die Situation meistern.

DIE ORAKELSPRÜCHE

☷ D
 S
 I
 Ë

60

Der Geist lebt in deinem Wesen.
Willst du ihn erkennen,
so mußt du auf deine Wurzeln achten.

Niemand vermag sich der Attraktion dessen, was man nicht hat oder nicht ist, zu entziehen. Bewundern Sie all dies voller Freude, doch vergessen Sie nie, woher Sie stammen, was Ihre wahren Bedürfnisse sind und welches Ziel Sie tatsächlich anstreben.

DIE ORAKELSPRÜCHE

DSCHUNG FU

61

*Begegnest du den Menschen
freundlich,
gibt es keinen Zwist.*

*Geht man die Angelegenheiten
wachsam an,
gibt es kein Versehen.*

*Stehst du den Ereignissen
offenherzig gegenüber,
gibt es keine Furcht.*

*Nährt man die Seele
mit Stille,
gibt es keine Gier.*

Haben Sie es nötig, im Unfrieden zu leben? Wenn Sie Übereinstimmung wollen, schweigen Sie und achten Sie auf die Worte Ihres Herzens.

DIE ORAKELSPRÜCHE

SIAU GO

62

*Um die Unzuverlässigkeit zu tilgen,
bedarf es der Sanftmut.*

*Um die Verirrung zu beenden,
bedarf es des Weitblicks.*

*Um die Unrast zu vermeiden,
bedarf es des Wohlbehagens.*

*Um die Rücksichtslosigkeit zu bannen,
bedarf es der Zärtlichkeit.*

*Um das Eigenlob zu zermürben,
bedarf es des Verstehens.*

*Um die Nörgelei zu bremsen,
bedarf es der Großzügigkeit.*

Üben Sie sich in Toleranz und vergessen Sie nicht, daß andere dieselben Rechte und Pflichten haben wie Sie.

DIE ORAKELSPRÜCHE

GI DSI

63

Du willst Gutes tun?
Dann tu es!
Achte dabei nicht
auf Anerkennung,
auf Belohnung und
auf Dank.
Wenn du Gutes tust,
tu es um seiner selbst willen.
Und du wirst
Anerkennung,
Belohnung und
Dank erlangen,
ohne es zu ahnen.

Wenn Sie anderen Gutes tun wollen, dann tun Sie es, aber ohne daran eine Erwartung zu knüpfen; so vermeiden Sie Enttäuschung.

DIE ORAKELSPRÜCHE

WE DSI

64

*Reinheit
kennt kein Oben
und kein Unten.
Aus der Leere stammt sie.
In die Leere kehrt sie zurück.
Reinheit
ist mit dem Ursprung
eins.*

Sie sind Ihr Schicksal, egal, was Sie unternehmen. Tragen Sie Verantwortung und handeln Sie so wie das Prinzip, das die Verantwortung dafür übernommen hat, daß Sie auf Erden leben dürfen.

Nachwort

*Betrachtest du
dein eigenes Leben,
dann wisse,
daß deine Wurzeln,
dein Stamm,
deine Äste und deine Blätter
so lange gedeihen werden,
als dein Wesen edel ist.
Also kannst du glücklich sein.*

Über die Autorin

Chao-Hsiu Chen wurde in Taiwan geboren. Sie erlernte die Yoga-Praxis und studierte Musik in Wien und Salzburg. Ihre erste deutschsprachige Veröffentlichung, »Chi-Lebenskraft« (München 1994), fand außergewöhnliche Anerkennung und wurde von den Medien stark beachtet, ebenso wie ihr Buch über »Feng Shui« (München 1996), das schon kurz nach Erscheinen viele Auflagen erlebte. Ihre Lyrik wurde in deutscher Sprache verlegt (Reinbek 1994), und ihre Malerei fand neben ihrem Weisheitsgut Gestalt in dem Prachtband »Das buddhistische Buch der Liebe« (Bergisch Gladbach 1997). 1998 erschien ihr umfangreiches Werk »Body Feng Shui – Das chinesische Geheimwissen von Partnerschaft und Körpersprache«. Für die TV-Sendereihe »Menschen-Kunde« komponierte sie die Titelmusik wie auch für große *arte*-Dokumentationen. Die fünfsprachige Autorin lebt in Rom und München.

Tabelle der Hexagramme

1 KIËN (Seite 14)	2 KUN (Seite 16)	3 DSCHUN (Seite 18)	4 MONG (Seite 20)	5 SÜ (Seite 22)	6 SUNG (Seite 24)	7 SCHÏ (Seite 26)	8 BI (Seite 28)
9 SIAU TSCHU (Seite 30)	10 LÜ (Seite 32)	11 TAI (Seite 34)	12 PI (Seite 36)	13 TUNG JEN (Seite 38)	14 DA YU (Seite 40)	15 KIËN (Seite 42)	16 YÜ (Seite 44)
17 SUI (Seite 46)	18 GU (Seite 48)	19 LIN (Seite 50)	20 GUAN (Seite 52)	21 SCHÏ HO (Seite 54)	22 BI (Seite 56)	23 BO (Seite 58)	24 FU (Seite 60)
25 WU WANG (Seite 62)	26 DA TSCHU (Seite 64)	27 I (Seite 66)	28 DA GO (Seite 68)	29 KAN (Seite 70)	30 LI (Seite 72)	31 HIËN (Seite 74)	32 HONG (Seite 76)
33 DUN (Seite 78)	34 DA DSCHUANG (Seite 80)	35 DSIN (Seite 82)	36 MING I (Seite 84)	37 GIA JEN (Seite 86)	38 KUI (Seite 88)	39 GIËN (Seite 90)	40 HIË (Seite 92)
41 SUN (Seite 94)	42 I (Seite 96)	43 GUAI (Seite 98)	44 GOU (Seite 100)	45 TSUI (Seite 102)	46 SCHONG (Seite 104)	47 KUN (Seite 106)	48 DSING (Seite 108)
49 GO (Seite 110)	50 DING (Seite 112)	51 DSCHEN (Seite 114)	52 GEN (Seite 116)	53 DSIËN (Seite 118)	54 GUI ME (Seite 120)	55 FONG (Seite 122)	56 LÜ (Seite 124)
57 SUN (Seite 126)	58 DUI (Seite 128)	59 HUAN (Seite 130)	60 DSIË (Seite 132)	61 DSCHUNG FU (Seite 134)	62 SIAU GO (Seite 136)	63 GI DSI (Seite 138)	64 WE DSI (Seite 140)